글 | 애너벨 그리핀
작가이자 편집자로 활동하며, 주로 자연을 주제로 한 어린이책을 만들고 있다. 지은 책으로
《상어의 화려한 삶The Spectacular Lives of Sharks》, 《야생에서 볼 수 있는 것 What Can I See in the Wild》
등이 있다. 현재 런던에서 남편, 구조견 야스퍼와 함께 살고 있다.

그림 | 탸르다 보르스봄
식물과 꽃 등 자연을 즐겨 그린다. 섬세한 질감과 묘사로 아이들을 그림에 흠뻑 빠져들게 한다.
이 책과 같은 시리즈 도서 《Trees》에 그림을 그렸다. 네덜란드 동남부에 있는 도시 네이메헌에 살고 있다.

옮긴이 | 조은영
서울대학교 생물학과를 졸업하고, 서울대학교 천연물과학대학원과 미국 조지아대학교 식물학과에서 공부했다.
어려운 과학책은 쉽게, 쉬운 과학책은 재미있게 우리말로 옮기고 있다. 옮긴 책으로 《파브르 식물기》,
《허리케인 도마뱀과 플라스틱 오징어》, 《나무의 세계》, 《10퍼센트 인간》 등이 있다.

식물 여행 사막에서 북극 툰드라까지

초판 인쇄 2024년 9월 1일   **초판 발행** 2024년 9월 20일
글 애너벨 그리핀   **그림** 탸르다 보르스봄   **옮긴이** 조은영
펴낸곳 지구벌어린이   **펴낸이** 진영희 출판등록 2005년 8월 4일
주소 10403 경기도 고양시 일산동구 백마로 223, 630호
전화번호 031-905-9435   **팩스** 031-907-9438
전자우편 touchart@naver.com   **ISBN** 979-11-87936-64-0 77480

• 지구벌어린이는 터치아트의 어린이책 브랜드입니다.

PLANT
by Annabelle Griffin, illustrated by Tjarda Borshboom
Copyright © Hungry Tomato Ltd 2023
All rights reserved.

Korean translation copyright © Touchart Publishing Co., 2024
Korean Translation rights arranged with Hungry Tomato Ltd through Amo Agency
이 책의 한국어판 저작권은 AMO 에이전시를 통해 저작권자와 독점 계약한
터치아트에 있습니다. 저작권법에 의해 한국 내에서 보호를 받는 저작물이므로
무단 전재와 무단 복제를 금합니다.

• KC마크는 이 제품이 공통안전기준에 적합함을 의미합니다.

모델명: 식물 여행 **제조년월:** 2024.9. 20 **제조자명:** 지구벌어린이
제조국: 대한민국 **주소:** 경기도 고양시 일산동구 백마로 223, 630호 **전화번호:** 031-905-9435

사막에서 북극 툰드라까지

식물 여행

애너벨 그리핀 · 글

탸르다 보르스봄 · 그림

조은영 · 옮김

지구별어린이

차례

식물이란 무엇일까요? • 8
식물이 살아가려면 무엇이 필요할까요? • 10
식물은 어떻게 자라나요? • 12
꿀벌은 어떻게 식물을 도와줄까요? • 14
식물의 씨는 어떻게 생겼을까요? • 16
식물의 씨는 어떻게 퍼져 나갈까요? • 18
사막에 사는 식물 • 20
열대 우림에 사는 식물 • 22
물에 사는 식물 • 24
풍요로운 숲속 식물 • 26
북극 툰드라에 사는 식물 • 28
초원에 사는 식물 • 30
선사 시대 식물 • 32
세계에서 가장 큰 식물 • 34
냄새가 나는 식물 • 36
곤충을 잡아먹는 식물 • 38

생김새가 신기한 식물 • 40

작고 부드러운 이끼 식물 • 42

집 안의 식물 • 44

쓸모 있는 식물 • 46

이로운 식물, 해로운 식물 • 48

먹을 수 있는 식물 • 50

음식 맛을 돋우는 식물 • 52

지구를 구하는 식물 • 54

놀라운 벌레들 • 56

알고 있었나요? • 58

낱말 설명(본문 중 • 표시가 있는 낱말) • 60

식물이란 무엇일까요?

식물은 동물과 달리 영양분을 스스로 만들 수 있고, 한곳에 뿌리를 내려 정착해 살아요. 지구 상에 식물이 살지 않는 곳은 거의 없어요. 이 세상에는 30만 가지도 넘는 식물이 살고 있어요. 그중에서 여러분이 이름을 아는 식물은 몇 가지나 될까요?

식물은 모양과 크기가 모두 제각각이에요.
그러나 대부분은 잎, 줄기, 뿌리로 나뉘어요.

잎

잎은 정말 중요해요.
식물은 잎에서 스스로 양분을 만들고
그 힘으로 쑥쑥 자라거든요.

줄기

식물의 줄기는 땅 위로 자라면서 몸을 지탱해요.
음료를 마실 때 사용하는 빨대처럼
뿌리에서 흡수한 물과 영양소를 빨아올려
식물의 각 부분으로 전달해요.

뿌리

뿌리는 보통 땅속에 숨어 있어요.
바다에서 배가 움직이지 않도록
닻을 내리는 것처럼 땅속으로
뿌리를 내려 몸을 고정해요.
식물이 자라는 데 필요한 물과
영양소를 흙에서 빨아들여요.

식물에 따라 열매, 꽃, 가시, 나뭇가지 등 각기 다른 특징이 있어요.

식물이 살아가려면 무엇이 필요할까요?

식물은 햇빛, 공기, 물을 이용해 스스로 양분을 만들어요.
이 과정을 광합성이라고 해요.

태양
식물은 성장에 필요한 에너지(양분)를 햇빛을 이용해서 만들어요.

공기와 물
공기와 물이 충분하지 않으면 식물은 금방 시들어서 죽게 돼요.

영양소
식물은 뿌리로 흙 속의 물과 영양소를 빨아들여요.

공간
어떤 식물은 다른 식물과 적당히 떨어져 있어야 잘 자라요. 서로 너무 가까이 있으면 햇빛이나 흙 속 영양소를 두고 경쟁해야 해요.

식물은 어떻게 자라나요?

식물은 대부분 씨에서 시작돼요. 큰 나무도 처음에는 아주 작은 씨였어요. 씨에서 싹이 나 잎과 줄기가 자라고, 꽃이 피었다 진 다음 열매를 맺고 다시 씨를 만들어 내요. 이 과정을 식물의 한살이라고 합니다. 작은 씨에서 어떻게 생명을 싹 틔워 자라는지 살펴보아요.

흙 속에 씨를 심고 물을 주면 뿌리가 나오고 싹이 트기 시작해요. 그 과정을 발아라고 해요.

1. 씨에서 뿌리가 나와요.

2. 씨에서 싹이 터서 땅을 뚫고 나와요.

3. 뿌리는 계속 땅속으로 자라요. 새싹도 자라면서 줄기가 되고 잎이 나기 시작해요.

꽃봉오리

4.
식물이 점점 더 크고 튼튼하게 자라요.
잎이 많이 달리고 꽃눈이 커져
꽃봉오리가 되어요.

5.
식물이 완전히 다 자라고
꽃이 피어요.

씨앗 키우기

준비물
- 해바라기씨
(다른 식물의 씨도 괜찮아요.)
- 화분
- 흙

1. 씨앗 봉투에 적힌 설명대로 씨를 심기 가장 좋은 때에 맞춰 준비해요.

2. 큰 화분에 흙을 채워요. 씨를 약 1센티미터 깊이에 넣고 흙으로 완전히 덮어요.

3. 햇볕이 잘 드는 곳에 화분을 두고 흙이 마르지 않도록 규칙적으로 물을 줘요.

3.
벌이 꿀물을 모으는 동안
온몸에 꽃가루가 잔뜩 묻어요.
그런 채로 이 꽃 저 꽃으로
날아다니며 꽃가루를 옮긴답니다.

식물의 씨는 어떻게 생겼을까요?

씨의 모양과 크기는 식물마다 모두 달라요.
어떤 씨는 먹기 좋게 생겼고, 어떤 씨는 열매 안에
감춰져 있어요. 다음 씨 중에서 몇 가지나
본 적 있는지 세어 볼까요?

개양귀비
꽃가루받이가 끝나면
꽃잎이 떨어지고
꼬투리가 자라요.
그 안에는 작고 까만 씨가
가득 들어 있어요.

꼬투리에는 소금 통처럼
구멍이 뚫려 있어요.
바람이 불면 구멍 밖으로
씨가 날아가요.

해바라기
해바라기씨는
꽃 한가운데에
모여 있어요.

밀
밀씨는 가늘고 긴
꽃대 끝의 이삭에 달려요.
밀알을 갈아서
밀가루를 만들어요.

사막에 사는 식물

사막은 뜨겁고 건조한 지역이에요.
비가 거의 내리지 않아 물이 아주 귀해요.
선인장, 용설란 같은 사막 식물은 물을 줄기나 잎에 저장해요.
다른 식물도 물을 얻는 방법을 찾아야 해요.

그만 좀 따라와!

회전초

회전초는 다 자라면 뿌리에서 떨어져 나와요. 그런 다음 바람이 부는 곳으로 굴러다니며 씨를 퍼트려요.

땅속의 물

사막 식물의 뿌리는 물을 찾아 땅속으로 아주 길게 뻗어 내려가요.

변경주선인장
이 선인장은 미국에서 가장 큰 선인장이에요.

박쥐
변경주선인장의 꽃은 밤에 피어요. 꽃 속의 달콤한 꿀물을 마시러 찾아온 박쥐들이 꽃가루를 날라 주어요.

딱따구리
힐라딱따구리는 부리로 선인장에 구멍을 뚫고 그 안에 둥지를 지어요.

올빼미
작은요정올빼미는 딱따구리가 버리고 간 둥지에 들어가 살아요.

가시
선인장 줄기는 잎 대신 뾰족한 가시로 덮여 있어서 수분이 덜 증발하고, 뜨거운 열기에도 잘 견뎌요. 또한 선인장을 먹기 위해 달려드는 동물을 물리칠 수도 있어요.

열대 우림에 사는 식물

열대 우림은 적도 근처에 있는 숲이에요. 일 년 내내 기온이 높고 비가 많이 와요. 열대 우림에는 수만 종의 식물이 살아요. 또한 원숭이와 새를 비롯해 수많은 동물이 높은 나무에 집을 짓고 살아요.

미지의 식물
열대 우림에는 인간이 아직 발견하지 못한 식물이 매우 많이 살고 있어요.

열대 과일
바나나와 패션프루트 같은 과일은 열대 우림에서 자라요.

카카오 꼬투리

카카오나무에는 코코아콩이 가득 든 꼬투리가 자라요.
코코아콩으로 맛있는 초콜릿을 만들어요!

난초

세상에는 25,000여 가지가 넘는
난초가 있어요. 그중 대부분이
열대 우림에서 자란답니다.

시계꽃

시계꽃은 열대 우림에서 피는 꽃 중
가장 신기하고 아름답게 생긴 꽃이에요.
맛있는 열매가 열려요.

브로멜리아드

브로멜리아드는 파인애플과 식물을
부르는 말이에요. 주로 높은 나뭇가지에
붙어서 자라요. 여러 겹으로 둘러 난
잎 안에 양동이처럼 빗물을 모아요.
가끔 독화살개구리가 이 작은
빗물 웅덩이에 알을 낳기도 해요.

수련

수련의 잎은 넓고 평평해서
물 위에 떠 있어요. 뿌리는
연못 바닥까지 내려가요.

붕어마름

물속에서 사는 붕어마름은
물고기와 도롱뇽이 안전하게
숨기 좋은 식물이에요.

부레옥잠

부레옥잠은 부풀어 오른 스펀지 같은 줄기에
공기가 가득 차 있어서 물에 떠 있어요.
뿌리도 물에서 떠다닌답니다.

부들

부들은 갈대처럼 물가에 사는
식물이에요. 소시지를 닮은 꽃이 피어요.

풍요로운 숲속 식물

숲은 온갖 종류의 나무와 풀로 뒤덮인 넓은 땅이에요.
또한 수많은 야생 생물들의 보금자리예요.
올빼미와 여우, 청설모 같은 동물은 나무 구멍에서도 살아요.

균류
숲에서는 버섯과 곰팡이도
흔히 볼 수 있어요.
모두 균류의 한 종류예요.

초록색 지구
육지 면적의 약 3분의 1이 숲이에요.
기후에 따라 숲에서 자라는
나무의 종류도 달라요.

봄·여름

나무는 계절에 따라 모습이 변해요.
봄과 여름에는 가지 전체에
초록색 잎이 잔뜩 달려요.

가을

가을이 오면 나무에 큰 변화가 생겨요.
초록색이었던 잎은 빨강, 노랑, 주황,
갈색으로 바뀌고 잎이 떨어지기 시작해요.

겨울

겨울철에 대부분의 나무는 가지가 앙상해요.
가을이나 겨울에 잎이 떨어졌다가 다음 봄에
새잎이 나는 나무를 낙엽수라 해요.

어떤 나무는 일 년 내내
초록색이에요. 그런 나무를
상록수라고 해요.

27

북극 툰드라에 사는 식물

북극 툰드라는 지구에서 식물이 가장 살기 힘든 곳이에요.
어둡고, 춥고, 건조하고, 바람이 거세게 불어요.
게다가 짧은 여름을 제외하면 거의 일 년 내내 땅이 얼어 있어요.

일 년 중 10개월이나
땅이 눈과 얼음으로
뒤덮여 있는 곳도 있어요.

툰드라 지역에는 큰 나무가 없어요.
이 지역의 식물은 키가 작고
땅에 바짝 붙어서 자라요. 눈이 녹는
짧은 여름 동안 꽃을 피우고 번식해요.

겨울이면 기온이
영하 70도까지 떨어지기도 해요.

긴 겨울에는 많은 동물이 추위를 피해
겨울잠을 자거나 따뜻한 지역으로 이동해요.

두메양귀비

두메양귀비의 꽃은 태양을 바라보며
온기와 빛을 흠뻑 받아요.

이끼장구채

이끼장구채는 폭신한 둔덕에서 자라요.
덕분에 온기와 습기를 잘 머금을 수 있어요.

북극목화풀

목화풀은 가는 꽃대 끝에 솜뭉치가 매달려 있어요.
솜털에 작은 씨가 들어 있는데
바람에 날아가 곳곳에 떨어져요.

베어베리

베어베리 열매는
곰이 간식으로 즐겨 먹어요.

북극종꽃나무

이 작은 식물의 잎은
뱀의 비늘처럼 서로 겹쳐서 나요.

북극버들

북극버들의 잎은 긴 솜털로 뒤덮여 있어서
추위도 잘 견딜 수 있어요.

초원에 사는 식물

초원은 대부분의 땅이 풀로 덮여 있고 야생화가 만발한 넓은 지역이에요.
초원에서는 소나 양 같은 가축을 키우고, 밀과 같은 곡식을 재배해요.
야생 초원은 많은 동물과 식물의 보금자리예요.

건초
겨울에는 초원에서 거둬들인 짚으로 농장의 동물에게 먹이를 줘요.

음메에에

소와 양 등 농장에서 키우는 동물은 초원에서 마음껏 풀을 뜯어 먹어요.

벌과 나비의 천국
벌이나 나비처럼 꽃가루받이를 하는 곤충은 야생화가 만발한 초원을 아주 좋아해요!

벼과 식물

야생화

식물의 4분의 1이 벼, 보리, 밀, 옥수수, 사탕수수 같은 벼과 식물이에요. 벼과 식물은 사람과 가축의 중요한 식량이에요. 벼과 식물이 자라는 초원에 많은 동물이 살아요.

야생화는 자연에서 저절로 피는 꽃을 말해요. 아름다운 꽃들이 곤충이나 새 같은 야생 동물을 불러들여요.

야생화 씨드볼 만들기

집의 마당이나 정원을 작은 초원으로 만들어 봐요!

준비물
- 흙
- 밀가루
- 야생화 씨
- 물

1. 큰 그릇에 흙 90그램과 밀가루 30그램을 담고 야생화 씨를 뿌려요.

2. 물을 조금 붓고 골고루 섞어 줘요.

3. 잘 섞은 흙을 작은 공처럼 뭉쳐서 햇볕에 말려요.

4. 마른 씨드볼을 화단 빈 곳에 던져두면 돼요.

선사 시대 식물

식물은 약 5억 년 전부터 지구에 살았어요. 공룡이 살던 시대에 나타나 지금까지 살아남은 식물 종도 있어요.

티라노사우루스가 쿵쿵거리며 돌아다니던 때, 지구는 지금보다 훨씬 덥고 습했어요.

고사리와 소철 같은 식물은 꽃이 피는 식물이 나타나기 전부터 지구에 살았어요.

은행나무

은행나무는 '살아 있는 화석'이에요.
2억 7000만 년 동안
모습이 거의 변하지 않았거든요.

쇠뜨기

쇠뜨기는 수억 년 전부터
지구에 살았어요. 초식 공룡이
간식으로 맛있게 먹었을지도 몰라요.

나무고사리

나무고사리는 줄기가 나무처럼
뻗어 올라가는 양치식물이에요.
1년에 2.5센티미터씩 아주 천천히 자라요.

목련

목련은 꽃이 피는 식물 중 가장 오래된 식물이에요.
벌이 지구에 나타나기 전부터 있었어요.
그래서 딱정벌레가 대신 꽃가루받이를 해주어요.

소철

소철과 나무고사리는 비슷하게 생겼지만
친척은 아니에요. 소철에는 씨가 들어 있는
솔방울이 달리고, 나무고사리는 포자를 만들어요.

고사리

고사리도 지구에서 매우 오래된
식물에 속해요. 3억 년 전으로
돌아가도 찾을 수 있을 거예요.

세계에서 가장 큰 식물

세계에서 가장 큰 나무는 웬만한 고층 건물보다 높아요.
93미터 높이의 자유의 여신상보다도 키가 크답니다.

116m

100m　　　　　　99m

93m

70m

50m

30m

히페리온

셔먼 장군 나무

몸집이 가장 거대한 나무

미국 캘리포니아주 세쿼이아 국립 공원에 있는 셔먼 장군 나무는 세계에서 가장 몸집이 큰 나무예요.
나이는 2,200~2,700살쯤 되었다고 해요.

키가 가장 큰 나무

미국 캘리포니아주 레드우드 국립 공원에 있는 히페리온은 높이가 무려 116미터나 되는 세쿼이아예요. 세계에서 가장 키가 큰 나무지요.

툴레나무

둘레가 가장 큰 나무

멕시코에 있는 툴레나무는
너비가 14미터나 돼요.
버스 한 대 길이보다 더 길어요.

14m

12m

크기가 가장 큰 식물

세계에서 가장 크기가 큰 식물은
나무가 아니라 물속의 해초밭이에요.
한 포기의 어린 식물에서 시작해
4,500년 동안 사방으로 퍼져 나갔어요.

바다거북

해파리, 해초, 조개류를
먹고 살아요.

듀공

인도양에 주로 사는
거대한 초식 동물이에요.

오스트레일리아 샤크베이의
해초 모래톱은 세계에서
가장 크기가 큰 해초밭이에요.

냄새가 나는 식물

식물들은 제각각 독특한 냄새가 있어요.
벌, 나비를 유혹하려고 달콤한 냄새를 풍기는 식물도 있고,
고약한 냄새로 초식 동물이 뜯어먹지 못하도록
스스로를 지키는 식물도 있어요.

브래드포드 배나무
브래드포드 배나무의 꽃은 생김새가 무척 아름답지만 생선 썩은 냄새가 나요.

스컹크 양배추
이 식물에서는 이름처럼 지독한 스컹크 방귀 냄새가 나요.

자이언트 라플레시아

시체꽃
사람들은 이 두 식물을 '시체꽃'이라고 불러요. 썩은 고기 냄새를 풍기거든요. 하지만 파리와 딱정벌레는 그 냄새가 좋아서 모여들어요. 이 두 꽃은 세계에서 가장 큰 꽃이기도 해요.

히드노라 아프리카나
희한하게 생긴 이 식물에서는 똥냄새가 나요. 쇠똥구리가 좋아하는 냄새예요.

타이탄 아룸

헬리오트롭
예쁜 보라색 꽃에서 버찌와 바닐라 향이 나요.

계수나무
이 나무에서는 캐러멜과 솜사탕 냄새가 나요.

초콜릿코스모스
이 꽃에서는 초콜릿 냄새가 나요.

팝콘카시아
이 식물에서는 고소한 버터 맛 팝콘 냄새가 솔솔 풍겨요.

곤충을 잡아먹는 식물

식물과 곤충은 대개 사이좋은 친구예요. 그러나 어떤 식물은 곤충을 잡아먹어 필요한 양분을 얻는답니다.

파리지옥

파리지옥은 입처럼 생긴 잎으로 작은 벌레를 잡아먹어요. 함정에 걸려든 곤충이면 어떤 것이든 먹어요.

곤충이 앉으면 재빨리 잎을 닫고 곤충을 가둬요.

살려줘요!

잎을 넓게 펼치고 곤충이 내려앉을 때까지 기다려요.

곤충 한 마리를 소화하는 데 3~5일이 걸려요. 다음 먹이가 걸려들 때까지 몇 달씩 기다리기도 해요.

파리, 개미, 딱정벌레, 메뚜기, 거미 등이 모두 파리지옥의 사냥감이에요.

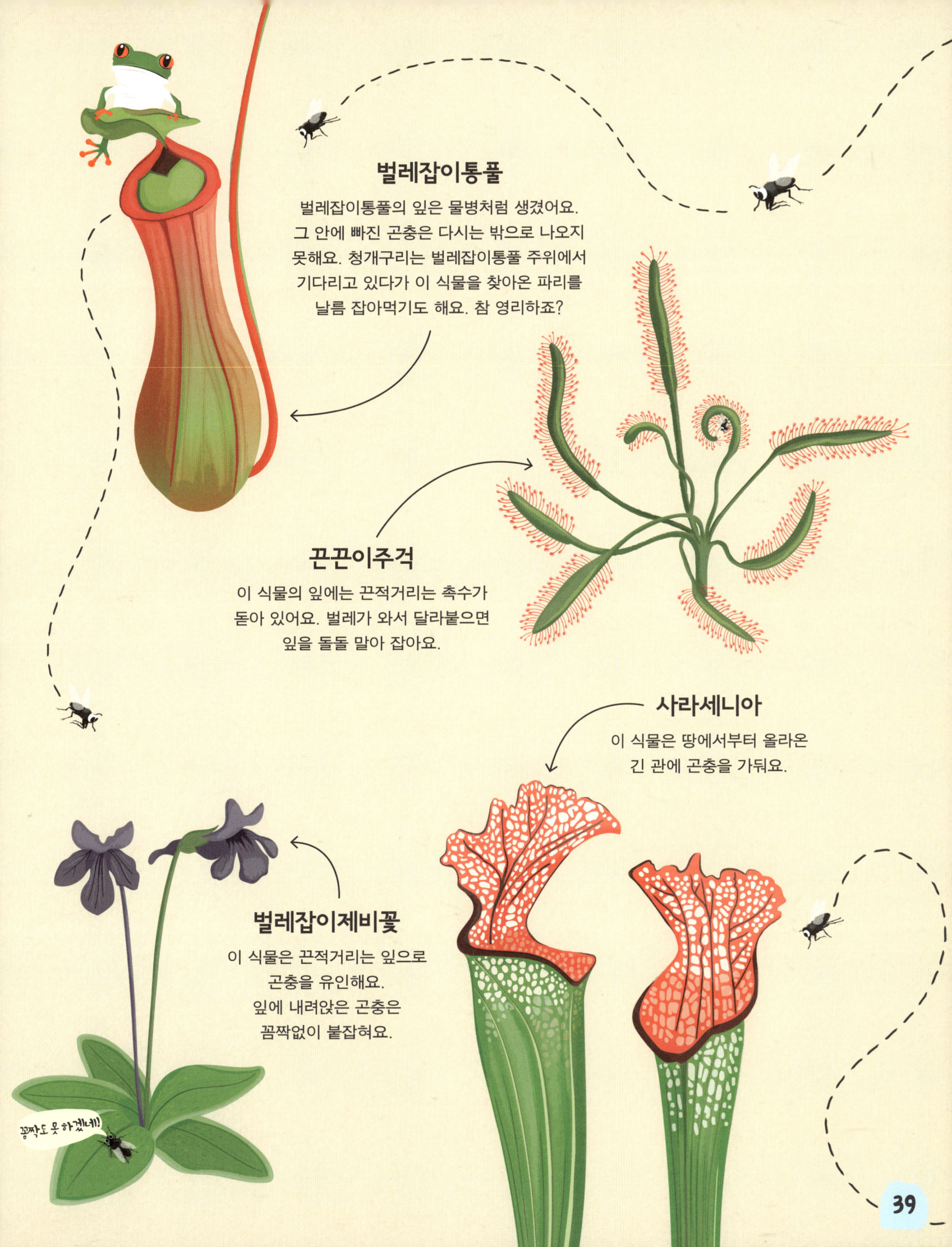

생김새가 신기한 식물

세상에는 이상하게 생긴 식물도, 아주 멋지게 생긴 식물도 많아요. 그중에는 식물처럼 생기지 않은 것도 있어요. 특이한 모습으로 변장한 식물들을 소개할게요. 어떤 식물이 가장 마음에 드나요?

입술꽃
이 열대 식물은 뽀뽀하는 입술처럼 생겼어요.

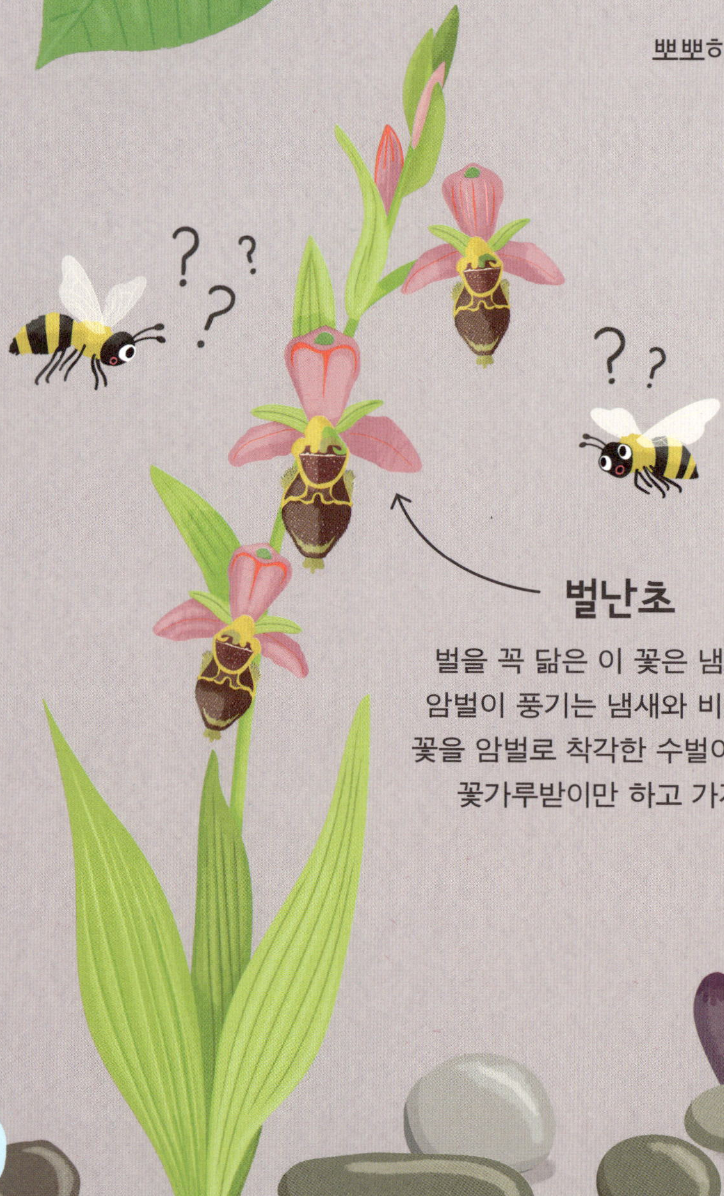

벌난초
벌을 꼭 닮은 이 꽃은 냄새까지 암벌이 풍기는 냄새와 비슷해요. 꽃을 암벌로 착각한 수벌이 찾아와 꽃가루받이만 하고 가지요.

헬리코니아
이 열대 식물에 매달린 꽃은 바닷가재의 집게발을 꼭 닮았어요.

해오라비난초
날개를 펼치고 훨훨 날아가는
하얀 새처럼 생겼어요.
정말 멋지죠?

해오라기

극락조화
이 꽃은 우아한 생김새가
극락조를 닮아서
극락조화라는 이름으로 불러요.

극락조

리톱스
이상하게 생긴 이 식물은
별명이 '살아 있는 돌'이에요.
조약돌과 비슷하게 생겼거든요.

작고 부드러운 이끼 식물

이끼는 한데 뭉쳐서 자라는 작은 식물이에요.
풀밭처럼 넓은 지역을 뒤덮으며 자라요.
축축하고 그늘진 장소를 좋아하지만 나무와 바위, 건물 등
어디에서나 볼 수 있답니다.

숲속의 작은 숲
수많은 작은 생물이
이끼에서 살아요.
그중에는 곰벌레도 있어요.

키가 큰 이끼
이끼라고 해서 모두 작은 건 아니에요.
다우소니아 수페르바(*Dawsonia superba*)는
세계에서 가장 키가 큰 이끼예요.
키가 60센티미터까지 자라기도 해요.

붉은 물이끼
이끼는 보통 연한 초록색인데
붉은색 이끼도 있어요.

발광 이끼
어떤 이끼는
어두운 곳에서 빛을 내요.

똥이끼
동물의 똥에서 자라는 걸 좋아하는
이끼도 있어요. 아이고, 고약한 냄새!

유리병에 이끼 기르기

준비물
- 이끼
- 큰 그릇
- 뚜껑이 있는 유리병
- 조약돌
- 흙
- 나뭇가지와 자갈
- 피규어나 장난감

야외에서 이끼를 수집할 때는 반드시 어른의 허락을 받아야 해요.
그리고 이끼가 많이 자라는 곳에서 조금만 뜯어 옵니다.

1. 큰 그릇에 물을 담고 이끼를 15분 정도 담가 두어요.

2. 유리병 바닥에 조약돌을 깔고 그 위에 흙을 한 층 덮어요.

3. 나뭇가지와 돌멩이를 넣어요.

4. 그릇에서 이끼를 꺼내 물을 빼고 흙, 나뭇가지, 돌멩이 위에 올려요.

5. 장난감을 넣고 뚜껑을 닫아요. 햇빛이 강하지 않은 곳에 유리병을 둡니다.

집 안의 식물

여러분의 집 안 곳곳을 살펴보면 식물로 만든 물건이 많을 거예요. 한번 찾아볼까요?

세면도구

비누, 샴푸, 화장품 중 식물성 성분이 들어 있는 제품이 많아요.

정원

마당이나 정원, 텃밭이 있는 집에서는 꽃이나 채소를 키우기도 해요. 나무에 열린 열매는 새를 위해 남겨 두기도 해요.

난방용 땔감

장작을 태워서 집 안을 따뜻하게 데우기도 해요.

건축 재료
나무를 잘라 만든 목재는 집을 지을 때 마루나 천장 등 곳곳에 쓰여요.

실내 식물
집 안에 식물을 키우면 생기가 돌아요!

옷
면이나 리넨 같은 옷감은 식물에서 나오는 실로 만들어요.

책
종이는 나무로 만들어요. 식물이 없으면 책도 만들 수 없답니다.

음식
과일, 채소, 곡식은 모두 식물에서 와요.

가구
의자, 탁자, 침대, 옷장 등의 가구는 나무로 만드는 경우가 많아요.

쓸모 있는 식물

식물로 만든 유용하고 아름다운 물건들이 많이 있어요.
어떤 식물에서는 실을 뽑아 천을 만들어요.
옷감을 염색할 때 사용하는 식물도 있어요.

대나무
칫솔부터 집까지, 대나무로
만들지 못하는 물건이 없을 정도예요.
대나무는 매우 빨리 자라는 특징이 있어요.
판다는 대나무를 즐겨 먹어요.

고무나무
고무나무의 껍질에 상처를 내면 라텍스라는
우윳빛 액체가 나와요. 라텍스를 모아
고무를 만들 수 있어요. 고무는 풍선을 비롯한
각종 물건의 재료로 쓰여요.

향기로운 꽃
향기가 좋은 꽃으로
향수와 비누 등을 만들어요.

음식 맛을 돋우는 식물

어떤 식물은 음식의 맛을 돋우는 양념이나 향신료로 쓰여요.
허브는 로즈메리, 바질 등 잎이나 줄기를 약이나 향료,
음식의 맛을 내는 조미료로 쓰는 식물이에요.
향신료는 주로 식물의 씨앗이나 열매, 뿌리, 나무껍질로 만들어요.

사프란
세계에서 가장 비싼 향신료예요.
사프란이라는 식물의 꽃으로
만들어요.

후추
여러 음식에 향신료로 쓰여요.
통후추는 후추 식물의 작은
열매인데 잘 말린 다음 갈아서
음식에 넣어요.

고추
고추와 고추씨는 음식에
넣으면 매운맛이 나요.

계피
육계나무의 나무껍질로 만든
향신료예요. 뜨거운 음료나
빵을 만들 때 주로 사용해요.

생강
생강은 굵고 울퉁불퉁한
뿌리예요. 다양한 음식에
생으로 넣거나 말려서 사용해요.

차이브
양파나 마늘과 가까운 친척이에요. 잎에서 살짝 매운맛이 나요.

민트
민트 맛이 나는 음식이 많아요. 민트는 배가 아플 때 진정시키는 약으로도 사용해요.

바질
바질 잎은 전 세계 사람들이 음식에 널리 사용해요.

로즈메리
로즈메리 잎은 생으로 쓰기도 하고 말려서도 사용해요.

차이브 키우기

차이브를 키워서 샐러드에 넣어 볼까요?

준비물
- 화분
- 흙
- 차이브씨
- 물감이나 사인펜
- 플라스틱 눈
- 접착제
- 가위

1. 사인펜이나 물감 등으로 화분을 꾸며요. 차이브 잎이 자라면 머리카락처럼 보일 거예요.

2. 화분에 흙을 채우고 씨앗 봉투에 적힌 설명대로 씨를 심어요.

3. 화분 받침에 화분을 올리고 햇볕이 잘 드는 창가에 두어요. 물을 충분히 주어요.

4. 싹이 트고 15센티미터 이상 자라면 윗부분을 적당히 잘라 요리에 사용해요.

지구를 구하는 식물

식물은 지구의 건강을 지키는 중요한 역할을 해요.
사람들도 나무와 풀, 꽃이 많은 자연 속에 있으면
건강하고 행복해요.

산소 공급

식물은 잎에 난 작은 구멍으로
공기 중의 이산화 탄소를 흡수하고
산소를 내보내요. 사람과 동물이
숨을 쉬려면 산소가 필요해요.

CO_2

공기 중에 이산화 탄소가
너무 많으면 지구가 뜨거워져요.
나무를 비롯해 식물을 많이 심으면
지구 온난화를 막을 수 있어요.

동물의 서식지
풀과 나무는 동물의 완벽한 서식지예요. 먹을 것과 보금자리, 피난처가 되어 주지요.

맑은 물
식물은 물에서 오염 물질을 흡수해 물을 깨끗하게 만들어요. 나무처럼 커다란 식물은 빗물의 양을 조절해서 가뭄과 홍수를 막아 줘요.

건강한 땅
낙엽과 죽은 식물은 흙에 영양소를 되돌려주어 식물이 잘 자랄 수 있는 건강한 땅을 만들어요.

놀라운 벌레들

이 책의 곳곳에 숨어 있는 벌레를 발견했나요?
벌레는 식물이 건강하게 살아가는 데 매우 중요한 역할을 해요.

윙윙대는 호박벌

벌은 아주 중요한 벌레예요.
벌들이 꽃가루를 날라다 주어야
식물이 열매를 맺을 수 있어요.

사냥꾼 잠자리

잠자리는 선사 시대부터
무려 3억 년 동안이나 지구에서 살았어요.
잠자리는 연못과 야생화가 핀 초원을
좋아하고 그곳에서 곤충을 사냥해요.

꿈틀꿈틀 지렁이

지렁이는 몸속에 뼈가 없는 무척추동물이에요.
흙 속에서 꿈틀꿈틀 기어다니면서
죽은 식물을 먹고 살아요. 지렁이의 배설물을
식물이 흡수해서 영양소로 사용해요.

아름다운 나비

나비의 날개에는 선명한 무늬가 있어서
곤충 중에서도 아름답기로 으뜸가요.
나비도 벌처럼 꽃 속의 꿀물을 먹고
꽃가루를 운반해 뒤뜰과 정원, 초원에서
새로운 식물이 자라게 도와요.

성가신 파리

파리는 윙윙거리고 다니면서
우리가 먹을 음식에 올라가
귀찮게 해요. 하지만 실제로는
벌처럼 꽃가루를 운반해
열매가 맺도록 돕는 파리도 많아요.

멋쟁이 딱정벌레

딱정벌레류는 모양과 크기가 다양해요.
어떤 딱정벌레는 텃밭의 식물을 망치는
민달팽이나 달팽이를 잡아먹어요.

알고 있었나요?

식물은 정말 놀라워요! 세상 모든 생물이 살아가는 데 식물이 꼭 필요해요. 식물이 없었다면 이 세상은 완전히 달라졌을 거예요. 지금부터 식물에 대한 신기한 사실들을 알아보아요.

70,000
70,000가지 정도의 식물을 약으로 사용해요.

30
사람들이 먹는 음식의 90%가 30여 가지 식물에서 온답니다!

200
딸기 한 알에 무려 200여 개의 씨가 있어요.

25%
왜 사과가 물에 뜨는지 생각해 본 적 있나요? 사과 전체 부피의 25%가 공기로 이루어져 있대요.

300,000
나무 한 그루로 평균 300,000자루의 연필을 만들 수 있어요.

연필은 대부분 삼나무나 연필향나무로 만들어요.

90
대나무는 세상에서 가장 빨리 자라는 식물이에요. 하루에 90센티미터나 자란대요!

10~20
바나나 한 송이에 바나나가 10~20개 정도 달려 있어요.

바나나 한 송이를 '손'으로, 바나나 한 개를 '손가락'으로 표현하기도 한대요.

낱말 설명

가뭄
비가 내리지 않아 오랜 기간 메마른 상태가 계속되는 것.

겨울잠
겨울이 되면 동물이 활동을 중단하고 땅속 따위에서 겨울을 보내는 일. 박쥐, 다람쥐 등의 포유류에서 볼 수 있다. 곤충, 개구리, 뱀 등 변온 동물도 겨울잠을 잔다.

곰벌레
느리게 걷는 모습이 곰이 천천히 걷는 모습을 닮았다고 해서 얻은 이름이다. 물곰이라고도 부른다. 다른 생물이 살지 못하는 극한 환경에서도 살아남는다.

광합성
식물이 햇빛, 공기 중의 이산화 탄소, 뿌리에서 흡수한 물을 이용해 스스로 양분을 만드는 것.

균류
버섯, 곰팡이, 효모를 비롯한 생물 집단. 균류는 동물도 식물도 아니다. 씨 대신 포자로 번식하고 식물과 달리 양분을 직접 만들지 못한다.

기후
한 지역에서 오랫동안 나타나는 평균적인 날씨.

꼬투리
식물이 씨를 보관하려고 만든 주머니.

꽃가루
식물의 수술에서 만드는 아주 작은 알갱이.

꽃가루받이
식물의 수술에서 만든 꽃가루가 암술머리에 옮겨붙는 것. 곤충, 새, 물, 바람 등의 도움으로 꽃가루받이를 해 번식한다. 꽃가루받이를 해야 꽃에서 열매가 자라고 씨를 맺을 수 있다.

발아
씨에서 처음 싹과 뿌리가 돋아나는 과정.

볏과 식물
벼·보리·옥수수·사탕수수 등과 같은 식물. 전 세계에 1만 종도 넘게 퍼져 있다. 생활력이 강하고 땅속줄기로 잘 번식하는 특징이 있다.

살아 있는 화석
아주 오래전부터 모습이 거의 변하지 않고 지금까지 살아 있는 동물이나 식물.

서식지
동물과 식물이 사는 자연의 장소.

셔먼 장군 나무
이 나무의 이름은 미국 남북 전쟁의 영웅 셔먼 장군의 이름을 딴 것이다. 나뭇가지 하나의 지름이 2미터나 되고 지금도 계속해서 자라고 있다.

식물의 한살이
씨가 싹 트고 자라 꽃을 피운 뒤 열매를 맺어 다시 씨를 만들고 죽기까지의 과정. 벼나 옥수수처럼 한 해 안에 한살이를 마치는 '한해살이 식물'과 사과나무, 감나무처럼 여러 해 동안 한살이를 반복하는 '여러해살이 식물'이 있다.

알뿌리
흙 속에서 크고 둥글게 자라는 부분. 양분을 저장하고 싹이 자란다.

양치식물
'날개 모양의 잎이 있는 식물'이라는 의미로 꽃과 종자 없이 포자로 번식하는 식물을 일컫는다.

영양소
동물이나 식물이 생명을 유지하고 생장하는 데 필요한 물질.

오염
깨끗했던 공기나 물 등이 쓰레기나 화학 물질 등으로 더러워지고 해로워지는 것.

이삭
벼, 보리 등의 곡식에서, 꽃이 피고 꽃대의 끝에 열매가 많이 열리는 부분.

이산화 탄소
눈에 보이지 않는 공기 중의 기체. 식물이 이산화 탄소와 물로 양분과 산소를 만든다.

지구 온난화
환경 오염 등의 이유로 지구의 기온이 올라가는 현상. 지구 온난화 때문에 기후가 크게 달라지고 있다.

포자
균류, 이끼, 고사리 같은 생물이 번식하기 위해 만드는 작은 세포.

홍수
많은 비가 내려서 물이 주변의 땅까지 넘치는 것.

히페리온
이 세쿼이아의 이름은 그리스 신화에 나오는 티탄 히페리온에서 따왔다. 2009년에 세계에서 가장 키가 큰 나무로 기네스북에 이름을 올렸다.